UNGARISCHE BIBLIOTHEK
Für das Ungarische Institut an der Universität Berlin
herausgegeben von ROBERT GRAGGER
Zweite Reihe

4.

Das ungarische Budgetrecht

von

Zoltán von Magyary

1924
Walter de Gruyter & Co.
vormals G. J. Göschen'sche Verlagshandlung — J. Guttentag, Verlagsbuchhandlung —
Georg Reimer — Karl J. Trübner — Veit & Comp.
Berlin und Leipzig

I.

Die preußische Verfassungskrise der sechziger Jahre gab vielfach Anregungen zu theoretischen Untersuchungen über das Wesen des parlamentarischen Budgetrechts. Es haben dann andere Probleme das wissenschaftliche Interesse stärker in Anspruch genommen, aber die durch den Weltkrieg erzeugte allgemeine Geldkrise sowie die auch schon früher wahrnehmbaren Krankheitserscheinungen des Parlamentarismus bringen für das Studium des Budgetrechtes neue, wertvolle Gesichtspunkte, höhere als die früheren es waren: nicht nur um das Budgetrecht des Parlaments handelt es sich jetzt, sondern, infolge der zeitweiligen Untätigkeit oder Unfähigkeit des Parlamentes, um das Budgetrecht des Staates überhaupt.

Die parlamentarische Volksvertretung Ungarns und das unabhängige verantwortliche ungarische Ministerium sind im Jahre 1848 durch die Gesetzgebung verfassungsmäßig geschaffen worden. Nach wenigen Monaten setzte Österreichs unterirdische Oppositionsarbeit mit ihrer zentralistischen Tendenz ein. Es folgte Ungarns Unabhängigkeitskampf, den Österreich mit russischer Hilfe niederschlug, die ungarische Verfassung wurde aufgehoben und durch den Absolutismus abgelöst. Erst der Ausgleich vom Jahre 1867 hat Ungarn seine Verfassung wiedergegeben. Mit dem Grafen Julius Andrássy als Ministerpräsidenten wurde das zweite ungarische parlamentarische Ministerium ernannt, und eigentlich erst seit dieser Zeit gibt es ein ungarisches Parlament. Die Praxis des Budgetrechts des ungarischen Parlaments beginnt auch erst mit dem Jahre 1867, da die Behandlung des 1848 eingereichten ersten Etats infolge der kriegerischen Verwicklungen nicht zu Ende geführt werden konnte. Zur Vorlegung einer Staatsschlußrechnung aber kam man damals selbstverständlich nicht, sondern erst im Jahre 1868 auf Grund der Gebarung des Kabinetts Andrássy.

Vor dem Jahre 1848 war in Ungarn der verfassungsmäßige Zustand der, daß die Gesetzgebung im Königreich Ungarn vom König im Vereine mit den die Nation vertretenden Ständen des Reiches auf einer allgemeinen Reichsversammlung ausgeübt wurde.[1]) Die vollziehende Gewalt war aber einzig und allein dem König vorbehalten, der sie mittels der sogenannten Dikasterien (kön. ung. Hofkanzlei, kön. ung. Statthaltereirat und kön. ung. Hofkammer), und die mittelbare Verwaltung durch die in diesem Reiche stets vorherrschenden Munizipalitäten (Komitate, königl. Freistädte und privilegierte Distrikte und Gemeinden) ausübte. Die Regierung konnte von der Person des Königs nicht gesondert werden. Das Budget war Staatsgeheimnis, die Reichsversammlung hatte keine Stimme dabei, ja sie konnte nicht einmal die Verwendung der bewilligten Subsidien kontrollieren. Das Budgetrecht stand also damals dem König zu.

Durch die Gesetze von 1848, deren Geltung im Jahre 1867 vollkommen wiederhergestellt worden ist, wurde die Reform eingeführt, daß laut Gesetzartikel V an Stelle der Vorrechte der Stände das auf Grund der Volksvertretung gewählte Parlament trat, die vollziehende Gewalt aber konnte vom König laut G.-A. III betreffend alle jene Gegenstände, welche bisher den Dikasterien unterstanden – nunmehr ausschließlich durch das dem Parlament verantwortliche ungarische Ministerium ausgeübt werden. Seit dieser Zeit hat also der König von Ungarn die vollziehende Gewalt nicht mehr wie früher — wie der König von Preußen noch bis zum Ende des Weltkrieges — persönlich ausgeübt. Die Grundlage des Budgetrechts des ungarischen Parlaments bildet auch der G.-A. III vom Jahre 1848, dessen § 37 dem Ministerium zur Pflicht macht, einen Ausweis der Einnahmen und Bedürfnisse des Reiches und für die Vergangenheit eine Schlußrechnung über die von ihr gebarten Einnahmen alljährlich der unteren Tafel zwecks parlamentarischer Prüfung, bzw. Genehmigung vorzulegen.

Ausführlichere Rechtssätze über die Ausübung des parlamentarischen Budgetrechts finden sich erst 50 Jahre später im G.-A. XX vom Jahre 1897 betreffend die Staatsverrechnung, dessen erstes Kapitel Bestimmungen über die Zusammenstellung des Staatsvoranschlags, des Finanzgesetzes, die Vollziehung des letzteren, sowie die Gebarung des Staatsvermögens enthält. Für die Ausübung des ungarischen Budgetrechts war also bis 1897 die seit dem Jahre 1867 ausgebildete Rechtspraxis des Parlaments maßgebend.

Ungarn hat durch die Schaffung einer parlamentarischen Regierungsform ein in der ersten Hälfte des 19. Jh.s in den meisten Staaten Westeuropas eingeführtes System übernommen. Als unmittelbares

---

[1]) S. ANTON v. VIROZSIL: *Das Staatsrecht des Königreichs Ungarn, vom Standpunkte der Geschichte und der vom Beginn des Reiches bis zum Jahre 1848 bestehenden Landesverfassung,* Pest 1865. Band III, S. 3.

Vorbild diente die belgische geschriebene Verfassung vom Jahre 1831. In der Ausübung des Rechtes aber bildete sich in Ungarn seit dem Jahre 1867 eine selbständige parlamentarische Praxis heraus, deren wesentliche Phasen die folgenden sind:

Da das erste Jahr, 1867, ein Rumpfjahr war, hat das Ministerium den Staatshaushalt auf Grund einer Ermächtigung, welche ihm durch Beschluß der beiden Häuser erteilt worden ist, also ohne Finanzgesetz, im Rahmen eines noch von der absolutistischen Regierung aufgestellten Voranschlages geführt. Das Jahr 1868 begann mit einer für vier Monate geltenden Ermächtigung der Regierung zur Weiterführung des Staatshaushaltes „nach dem bisher üblichen Verfahren"; diese Ermächtigung ist aber schon in Form eines Gesetzes ergangen.

Die erste Aufstellung eines systematischen Etats erfolgte für das Jahr 1868, und zwar, entsprechend der persönlichen Auffassung des damaligen Finanzministers, im Netto-System. Zur parlamentarischen Etatsberatung kam es aber erst, als infolge des vorgeschrittenen Jahres und der Notwendigkeit einer rechtzeitigen Annahme des Etatsgesetzes für das Jahr 1869 nicht mehr genügend Zeit zur Verfügung stand. In dieser Lage stellte Franz Deák, der „Weise des Vaterlandes", seinen berühmten Antrag: da zur eingehenden Beratung beider Voranschläge die Zeit nicht mehr ausreichte und auf diesem Wege die beiden Etatsgesetze nicht rechtzeitig zustande kommen könnten, was aber ohne Zweifel ein gesetz- und verfassungswidriges Versäumnis wäre, solle, um das größere Übel zu vermeiden, das Etatsgesetz für 1868 ohne detaillierte Beratung nur in allgemeinen Summen votiert werden; daraus könnten keine nachteiligen Folgen entstehen, da das Etatsgesetz für 1869 ohnedies unmittelbar danach eingehend beraten werde. Deák ging von der einzig richtigen Auffassung aus, daß das Parlament zur Feststellung des Etatsgesetzes nicht nur berechtigt, sondern auch verpflichtet ist. Das Haus hat nicht das Recht, die rechtzeitige Annahme des Gesetzes zu versäumen, es ist aber unbedingt dazu berechtigt, die Art und Weise seiner Beratung zu bestimmen. Da der Voranschlag rechtzeitig vorgelegt, ja auch von der Kommission des Hauses beraten worden ist, kann das Haus nicht umhin, ein Etatsgesetz, in welcher Form immer, anzunehmen, weil eine einfache Ermächtigung des Ministeriums durch ein Indemnitätsgesetz der Feststellung des Etats nicht gleichkommt. In dem Augenblick, in welchem das Haus in die Lage kommt, das Etatsgesetz festzustellen, ist jedes andere Verfahren als die Feststellung verfassungswidrig geworden. Diesen Standpunkt hat auch das Parlament angenommen, und so enthält das erste ungarische Budgetgesetz: G.-A. XXVIII vom Jahre 1868 die Staatsausgaben, infolge des Netto-Systems ohne die Staatseinnahmen, nur nach Kapiteln (Ministerien usw.)

detailliert. Im Appropriationsparagraphen sind alle jene Gesetzartikel aufgeführt worden, welche sich auf die zur Deckung der Staatsausgaben verwendbaren Staatseinnahmen beziehen.

Der G.-A. L vom Jahre 1868 — betreffend den Staatsetat für das Jahr 1869 — enthält den ersten vollständigen Etat, und zwar in dem seither beibehaltenen Brutto-System. Sein Aufbau, welcher seitdem traditionell wurde, ist folgender: § 1 setzt fest und bewilligt den Endbetrag der ordentlichen und außerordentlichen Ausgaben für das Jahr. — § 2 enthält die Aufteilung der Ausgaben nach Kapiteln, Titeln und Paragraphen, § 3 die gesonderte Angabe aller ordentlichen und außerordentlichen Einnahmen, § 4 zieht die Bilanz und trifft Bestimmungen zur Deckung des Defizits, bzw. zur Verwendung des etwaigen Überschusses. § 5, welcher häufig als der wesentlichste für das Budgetrecht des Parlaments angesehen wird, ermächtigt das Ministerium, die im § 3 aufgezählten Einnahmen flüssig zu machen, und bewilligt für das Etatsjahr ausdrücklich die in den verschiedenen Gesetzen [welche hier bis zum Jahre 1880 taxativ, seitdem nur nach den verschiedenen Arten aufgezählt werden] normierten ordentlichen Einnahmen. Das ist der in Ungarn sogen. Appropriationsartikel. § 6 enthielt die bis zur letzten Zeit immer, obgleich nur in bescheidenem Maße, taxativ bewilligten Kreditübertragungen [virements] auf andere Posten einzelner Titel, und zum Schluß betraut § 7 den Finanzminister mit der Vollziehung des Gesetzes.

Der § 37 des G.-A. III vom Jahre 1848 entscheidet die Frage nicht, ob der Etat in der Form eines Gesetzes oder eines Parlamentsbeschlusses festgesetzt werden soll. Die Praxis gestaltete sich aber derart, daß es in Form eines Etatsgesetzes geschieht, was die Sanktionierung seitens des Königs involviert. Diese Praxis, daß auch der König, der ein dem Parlament gleichgestellter Faktor der gesetzgebenden Gewalt ist, auf diese Weise am Budgetrecht teilnimmt, dürfte mit Rücksicht auf die frühere verfassungsmäßige Lage, als er das Recht ausschließlich ausübte, eingeführt worden sein.

Bei der Parlamentsberatung des Etats für das Jahr 1870 hat sich die seitdem befolgte Ordnung der Budgetberatungen ausgebildet. Das Abgeordnetenhaus, welchem der ausführliche Voranschlag des Staatshaushalts vom Finanzminister im Druck vorgelegt wird, weist ihn seiner meistens aus 30 Mitgliedern bestehenden Finanzkommission zwecks Prüfung und Berichterstattung zu. Der Bericht der Kommission wird vom Hauptreferenten dem Plenum unterbreitet, wo er einer allgemeinen und einer detaillierten Debatte unterzogen wird. Nach der detaillierten Debatte werden alle Posten der Ausgaben und der Einnahmen gesondert votiert. Die Mitglieder des Hauses haben das Recht, die Herabsetzung, Streichung oder Erhöhung der einzelnen Posten, wie auch die Aufnahme neuer Posten vorzuschlagen. Nach Annahme des ausführlichen Voranschlags durch das Abgeordnetenhaus unterbreitet die Finanzkommission, bzw. seit dem Jahre 1875 der Finanzminister den Entwurf des Finanzgesetzes, dessen Inhalt oben schon mitgeteilt wurde. Das Finanzgesetz enthält weniger Einzelheiten als der ausführliche Voranschlag: es werden nur die Kapitel, Titel und Paragraphen aufgenommen; letztere aber bei mehreren Titeln, sowie die ziffernmäßig gesonderten Unterabteilungen bei allen Paragraphen weggelassen. Dieser Gesetzentwurf wurde wiederum von der Kommission und dem Plenum in dreifacher Lesung behandelt und danach dem Magnatenhaus überwiesen, welches sich aber mit dem ausführlichen Voranschlag nicht befaßte, sondern unmittelbar den Entwurf des Finanzgesetzes einer Beratung unterzog. In bezug auf das Budgetrecht bestand sonst kein Unterschied zwischen den beiden Häusern des Parlaments. Zur Zeit hat Ungarn laut G.-A. I vom Jahre 1920 eine aus einem Hause bestehende Nationalversammlung, welche das Budgetrecht so ausübt wie das ehemalige Abgeordnetenhaus.

Die Hausordnung des Abgeordnetenhauses hat seit dem Jahre 1913 Sonderbestimmungen für die Beratungen des Etatsgesetzes sowie der Indemnitätsgesetze, unter anderem die *clôture*, sowie, dem englischen Beispiel folgend, die *guillotine* eingeführt, die Nationalversammlung hat aber diese Sonderbestimmungen nicht übernommen, sodaß jetzt für diese Verhandlungen die gewöhnliche Hausordnung gilt.

Die Konstruktion der Finanz- und Indemnitätsgesetze wurde allmählich erweitert. Es kam zuerst im Jahre 1892 vor, daß in das Finanzgesetz ein neuer Artikel aufgenommen wurde, dessen Geltungsdauer aber nur bis zum Ende des Etatsjahres reichte. Er betraf einen Zuschlag zu den Beamtengehältern, da der Gesetzentwurf über die Gehaltserhöhung der Staatsbeamten vom Parlament vor der Annahme des Etatsgesetzes nicht verabschiedet worden war. Derartige Bestimmungen kommen auch in späteren Ermächtigungsgesetzen vor.

Inzwischen kam der G.-A. XX vom Jahre 1897 betreffend die Staatsverrechnung zustande, welcher, wie gesagt, ausführliche Bestimmungen über Inhalt und Form der Ermächtigungsgesetze enthält. Trotzdem ereignete es sich kurz danach, am 1. Januar 1899, daß die gesetzliche Ermächtigung der Regierung zur Weiterführung des Staatshaushaltes erlosch, ohne durch ein neues Finanz- oder Indemnitätsgesetz ersetzt worden zu sein, mit andern Worten, es trat der Exlex-Zustand ein, zum erstenmal in der Geschichte des ungarischen Parlamentarismus. Er währte fast drei Monate. Die Ursache war eine von der Minderheit veranstaltete technische Obstruktion.

Der Exlex-Zustand wiederholte sich bisher elfmal. Der von 1910 dauerte anderthalb Jahre, in den letzten Jahren, in den Zeiten der

Nationalversammlung, ist er beinahe eine regelmäßige Erscheinung geworden, obgleich jetzt die Ursache nicht in dem böswilligen Benehmen der Opposition, sondern in der Weitschweifigkeit der Debatten, das heißt in der schlaffen Hausordnung zu finden ist. Insgesamt sind bisher mehr als fünf Jahre im Exlex-Zustand verflossen.

Auch die andern Jahre hatten ihre Unruhen. Seit 1867 ist das Etatsgesetz nur neunmal rechtzeitig zustande gekommen, und es sind 81 Indemnitätsgesetze entstanden.

Diese Verhältnisse beweisen die Krankheit des Parlamentarismus, das Nachlassen seiner Arbeitsfähigkeit und seines Pflichtgefühls gegenüber dem Volke.

Als unmittelbare Folge dieses Zustandes bildete sich die Praxis heraus, Fragen, deren Regelung der Gesetzgebung vorbehalten war, bei denen aber die Votierung eines entsprechenden selbständigen Gesetzes wegen der unberechenbaren Tätigkeit des Parlaments nicht zu erwarten war, in die an Termine gebundenen Etatsgesetze aufzunehmen, um auf diese Weise ihre gesetzliche Regelung zu erreichen. Es wurde insbesondere seit der Ernennung der ersten sog. Koalitionsregierung im Jahre 1906 üblich, immer mehr Bestimmungen, welche mit der Ermächtigung nur in lockerem oder gar keinem Zusammenhang stehen, und deren Gültigkeit von der Dauer der Ermächtigung unabhängig ist, in das Etatsgesetz aufzunehmen. Diese Praxis wurde seit Ausbruch des Krieges auch auf die Indemnitätsgesetze übertragen und hat sich stabilisiert.

Im Jahre 1914 hat Ungarn den Beginn des Etatsjahres vom 1. Januar auf den 1. Juli verschoben, um durch bessere Ausnützung der parlamentarischen Arbeitszeit die häufigen Indemnitäten zu vermeiden. Diese Erwartung hat sich nicht erfüllt, weil kurz darauf der Krieg ausbrach, und unter den politischen und wirtschaftlichen Schwierigkeiten der folgenden Jahre ist kein Etatsgesetz zustande gekommen, sondern man nahm Zuflucht zu ununterbrochenen Indemnitäten.

Die Nachkriegsjahre haben betreffs des Budgetrechts viel Neues gebracht, was zum Teil mit den politischen Umwälzungen, zum Teil aber mit der Geldentwertung in Zusammenhang steht.

Seit der am 31. Oktober 1918 ausgebrochenen Revolution bis zum Sturze der darauf folgenden Räteregierung herrschten auch auf dem Gebiete des Staatshaushaltes gesetzwidrige und chaotische Zustände. Die gegenrevolutionären Regierungen, deren Lage sich mit der des Ministeriums Andrássy im Jahre 1867 vergleichen läßt, haben anfangs auf je einen Monat, später auf mehrere Monate auf Grund ausführlicher Bedarfsausweise die zur Deckung der verschiedenen Verwaltungskosten verwendbaren Summen bestimmt, und der G.-A. I v. J. 1920 betreffend die Wiederherstellung der Verfassung hat dem

Ministerium für dieses Vorgehen das Absolutorium nachträglich erteilt. Für die Monate Februar — Juni 1920 ist ein dem Etatsgesetz für das Jahr 1868 ähnliches Finanzgesetz entstanden, welches nur in Kapitel aufgeteilte Kreditrahmen festgesetzt hat. Der G.-A. XXIII vom Jahre 1921 betreffend den Etat für das Etatsjahr 1920/21 ist das einzige derartige ungarische Gesetz seit dem Kriege. Obgleich auch dieses nur 8 Tage vor Ende des Etatsjahres promulgiert wurde, war seine Schaffung notwendig, um den Staatshaushalt und den Aufbau des Staatsvoranschlages den durch den Friedensvertrag von Trianon außerordentlich veränderten Verhältnissen des Landes anzupassen. Das war aus dem Grunde wichtig, weil im G.-A. XX vom Jahre 1897 die frühere Rechtspraxis inartikuliert worden war, wonach bei Nötigwerden einer Indemnität die Regierung in Form eines besonderen Gesetzartikels die Ermächtigung zu erwirken hat, im Rahmen des letzten Etatsgesetzes auch weiter die Staatseinnahmen einzuheben und die Staatsausgaben zu bestreiten.

Diese letztere Vorschrift des Gesetzes ist aber später nicht immer beachtet worden, wodurch eine Spaltung zwischen dem geschriebenen und dem geltenden Recht entstand. Durch die Verlängerung der Geltungsdauer des G.-A. XXIII vom Jahre 1921 konnte nämlich kein brauchbares Indemnitätsgesetz entstehen, weil der Kaufwert der ungarischen Krone inzwischen dermaßen gesunken war, daß die dort festgesetzten Kreditbeträge keineswegs mehr ausreichten. Das Ministerium strebte anfangs die Votierung eines neuen Etatsgesetzes an, unterbreitete auch der Nationalversammlung einen ausführlichen Voranschlag des Staatshaushalts; da sich aber die Nationalversammlung mit andern Gesetzentwürfen befaßte und sich die wirtschaftlichen Verhältnisse selbst während der Herstellung des Voranschlages weiter verschlechterten, kam man in den letzten Jahren nicht zur Schaffung neuer Etatsgesetze, sondern es wurde durch — meist sechsmonatige — Indemnitätsgesetze dem Ministerium die Ermächtigung erteilt, nicht im Rahmen des letzten Etatsgesetzes, sondern im Rahmen der vom Ministerium dem Hause unterbreiteten, von diesem aber der Beratung gar nicht unterzogenen ausführlichen Voranschläge den Staatshaushalt weiterzuführen. So hat die Regierung z. B. für die Jahre 1921/22 und 1922/23 die Ermächtigung auf Grund von Voranschlägen erhalten, die sie ihrem Ermessen nach aufgestellt hat, und die von der Gesetzgebung ohne eine die einzelnen Posten erfassende Debatte global angenommen wurden.

Die letzte Phase der Entwicklung enthält der G.-A. IV vom Jahre 1924, betreffend die unter der Kontrolle des Völkerbundes erfolgende Sanierung Ungarns. Diesem Gesetz ist eine schematische Zusammenstellung der Staatsausgaben und Staatseinnahmen für die fünf Semester der Sanierungsaktion beigefügt worden. Das Ministerium ist ermächtigt worden, in dem von diesem Gesetz aufgestellten Rahmen Monatsvoranschläge festzusetzen.

II.

Der § 37 des G.-A. III vom Jahre 1848, welcher die Grundlage des parlamentarischen Budgetrechts bildet, verpflichtet das Ministerium zugleich, alljährlich dem Parlament eine Schlußrechnung über die von ihr gebarten Einnahmen zu unterbreiten. Somit bildet dieser Paragraph auch die Grundlage des parlamentarischen Kontrollrechts. Die ungarische Gesetzgebung war sich also von Anfang an im klaren darüber, daß ihr Budgetrecht ohne das Recht auf eine entsprechende Kontrolle wertlos ist.

Im Jahre 1848 ist, wie gesagt, kein Etatsgesetz zustande gekommen, so konnte selbstverständlich auch von Staatsschlußrechnungen keine Rede sein. Die Ausübung dieses Rechtes setzte erst nach 1867 ein. Dann machte sich aber sogleich die Notwendigkeit einer obersten Kontrollbehörde, welche auch zur Verfassung der Staatsschlußrechnungen berufen ist, fühlbar. So kam es zur Errichtung des königl. ungarischen Obersten Staatsrechnungshofes durch den G.-A. XVIII vom Jahre 1870. Die Schlußrechnungen für das Jahr 1869 waren die ersten, welche von ihm geprüft, und diejenigen für das Jahr 1870 die ersten, welche von ihm verfaßt worden sind. In der Zwischenzeit, also in den Jahren 1867—1869 sind die Schlußrechnungen von einer im königl. ung. Finanzministerium aufgestellten Zentralbuchhaltungsabteilung zusammengestellt worden. Diese Lösung konnte aber nicht befriedigen, weil die Abteilung einem Mitgliede des zu kontrollierenden Ministeriums unterstellt war.

Die Rechtspraxis betreffend die Verfassung der Staatsschlußrechnungen hat sich auch in den diesbezüglichen Parlamentsbeschlüssen herausgebildet, und auch hier ist das Gewohnheitsrecht erst nach Jahren, im G.-A. LXVI vom Jahre 1880, inartikuliert worden. Diese Rechtspraxis des Parlaments hat aber ihre Bedeutung auch später nicht eingebüßt, so daß es auch hier wie beim Budgetrecht vorkommt, daß das geltende Recht vom geschriebenen Recht abweicht.

Der Staatsrechnungshof ist vom Ministerium vollkommen unabhängig und sein Präsident nur dem Parlament verantwortlich. Die beiden Häuser des Parlaments, jetzt die Nationalversammlung, haben eine besondere Schlußrechnungskommission. Das Plenum entscheidet nach uneingeschränkter Debatte über die Erteilung oder Verweigerung des Absolutoriums für das Ministerium. Der diesbezügliche Beschluß des Abgeordnetenhauses ist zwecks Zustimmung dem Magnatenhause übersandt worden. So ist also das Gewohnheitsrecht entstanden, daß die Staatsschlußrechnungen durch übereinstimmende Beschlüsse der beiden Häuser des Parlaments, bzw. jetzt durch Beschluß der Nationalversammlung verabschiedet werden, jedoch dem Staatsoberhaupt nicht unterbreitet werden, so daß letzteres sich an diesem Recht der Gesetzgebung nicht beteiligt. Auf Grund des § 37 des G.-A. III vom Jahre 1848, welcher die Frage des Budgetrechts und der Schlußrechnungen vollkommen gleichmäßig regelt, hat sich also eine abweichende Praxis entwickelt: der Etat wird in Form eines Gesetzes unter Mitwirkung des Staatsoberhauptes festgestellt, die Schlußrechnungen aber werden durch Parlamentsbeschluß ohne Mitwirkung des Staatsoberhauptes erledigt. Auf diesen Unterschied werden wir noch zurückkommen.

Sooft die Tätigkeit des Parlaments oder der vollziehenden Gewalt durch äußere oder innere Ursachen gehemmt wird, hat das eine Rückwirkung nicht nur auf das Budgetrecht, sondern auch auf das Recht betreffend die Schlußrechnungen. Indem wir die Schwierigkeiten und die Arbeitsmehrung, welche durch die häufigen Indemnitäten der Buchhaltung und der damit zusammenhängenden Schlußrechnungen entstehen, übergehen, können wir nicht umhin, auf die Folgen der Exlex-Zustände und der durch den Weltkrieg verursachten Arbeitshäufung hinzuweisen. Die Staatsschlußrechnungen für das Etatsjahr 1915/16 sind die letzten, welche vom Staatsrechnungshof, wenn auch mit einer mehrjährigen Verspätung, so doch in der üblichen Form verfaßt und dem Parlament vorgelegt werden konnten. Die Rückstände der letzten Kriegs- und der Nachkriegsjahre konnten aber nicht mehr bewältigt werden. Durch die Verstümmelung des Landes ist ein großer Teil der Rechnungen verlorengegangen, überdies wurde während der Revolution und der Räteregierung ein beträchtlicher Teil der Bücher und sonstiger Rechnungen vernichtet. Um die Ordnung wiederherstellen zu können, sind außerordentliche Maßnahmen notwendig geworden. Die Gesetzgebung verfügte, daß vom Etatsjahre 1916/17 ab bis einschließlich des Jahres 1921/22 anstatt der regelmäßigen Staatsschlußrechnungen sog. Anweisungsausweise zusammengestellt werden sollen, und zwar für solche Zeitabschnitte, welche die Verantwortung der verschiedenen revolutionären Regierungen klar erkennen und beurteilen lassen. Diese Ausweise weichen von den regelmäßigen Schlußrechnungen hauptsächlich in der Hinsicht ab, daß sie sich mit dem Ausweis der Anweisungen und der Solleinnahmen begnügen und auf den Ausweis der Abstattungen und der Aktiv- und Passivreste verzichten.

Infolge des Umstandes schließlich, daß, wie unter I gesagt, in den letzten Jahren bei Indemnitäten eine Ermächtigung des Ministeriums zur Weiterführung des Staatshaushaltes nicht im Rahmen des letzten Etatsgesetzes, sondern im Rahmen der vom Ministerium vorgelegten Voranschläge erteilt wird, können die vom Etatsjahre 1921/22 ab wieder zu verfassenden regelmäßigen Staatsschlußrechnungeu in diesen Übergangsjahren nicht auf einen Vergleich mit einem Etatsgesetz, sondern nur auf den Vergleich mit diesen Voranschlägen eingestellt werden.

III.

Die Staatsverrechnung bildet eine organische Ergänzung des Budgetrechts und des Rechts der parlamentarischen Kontrolle. Die Verrechnung ist aber auch für die Verwaltung unentbehrlich und davon untrennbar.

Das heutige ungarische Staatsverrechnungssystem ist eine Weiterbildung des vor dem Jahre 1848, vorwiegend unter österreichischem Einfluß, entstandenen Systems. Während also Ungarn das Budgetrecht mit dem System des Parlamentarismus dem französischen Beispiel folgend eingeführt hat, hat sich Ungarns Staatsverrechnungssystem infolge Ungarns Verbindung mit Österreich, welche auch eine Annäherung in Verwaltungssachen mit sich brachte, aus der Übernahme des österreichichen Systems entwickelt. Im Jahre 1848 wurde das Gewicht auf die politische Umstellung gelegt, und das Verrechnungssystem blieb einstweilen unberührt, umsomehr als auch ein guter Teil der Buchhaltungsbeamten übernommen wurde, die im Falle der Beibehaltung des alten Systems die besten Dienste leisten konnten. Im Jahre 1867 wiederholte sich ungefähr dieselbe Situation. Dann hat aber der königl. ung. Finanzminister auf Grund einer königlichen Verordnung einstweilige Vorschriften für die Staatskassen und die Buchhaltungen erlassen. Auf diese Weise sind die der selbständigen staatlichen Einrichtung und der damaligen Lage des Staatshaushaltes angemessenen Vorschriften vom 1. Januar 1868 eingeführt worden, und damit setzte die autonome Entwicklung des ungarischen Verrechnungssystems ein. Zu einer gesetzlichen Regelung des Gegenstandes ist es erst im Jahre 1897 mit der Annahme des G.-A. XX betreffend die Staatsverrechnung gekommen; dieses Gesetz ist aber seitdem durch verschiedene Novellen abgeändert worden. Die Entwicklung strebte vor 1897 nach bestmöglicher Sicherung der parlamentarischen Kontrolle, seit 1897 hingegen nach besserer Anpassung an die neueren Erfordernisse der Verwaltung.

Ungarn hatte seit mehr als einem halben Jahrhundert ein einheitliches Kassensystem. Es bestand darin, daß die Staatskassen — vor dem Friedensschluß waren es 322, seit den Gebietsabtrennungen 130, also ungefähr für jeden Kreis je eine — für alle Anweisungsbehörden zahlen konnten und mit der Gebarung aller staatlichen Einnahmen, und nur dieser, betraut waren. Alle waren der Zentralstaatskasse unterstellt, welcher sie ihre Überschüsse abzuführen hatten und von welcher sie nötigenfalls Verläge erhielten. Dieses System ist während des Absolutismus in den fünfziger Jahren in allen Habsburger Ländern eingeführt worden und hat sich in Ungarn auch nach 1867 behauptet, obgleich die weitere Entwicklung in Ungarn seitdem auch in dieser Hinsicht selbständig war.

In der neuesten Zeit ist aber auf diesem Gebiete eine grundlegende Änderung eingetreten. Vom 1. Juli 1924 an, also seit Beginn der sog. Sanierungsperiode, ist die ganze staatliche Kassegebarung von der königl. ung. Postsparkasse übernommen, sämtliche Einnahmen und der Kassenvorrat des Staates aber sind der zur selben Zeit gegründeten Ungarischen Nationalbank als Kontokorrentguthaben überwiesen worden. Seitdem fungieren die bisherigen Staatskassen nur mehr als Steuerämter, als die niedrigste Stufe der Finanzverwaltung, und sind mit der Bemessung und Verrechnung der Staatseinnahmen betraut, Bareinzahlungen dürfen sie aber nicht mehr entgegennehmen, sondern die Steuerzahler haben unmittelbar bei der Postsparkasse einzuzahlen.

Diese tiefgehende Umbildung des Kassensystems hatte eine Rückwirkung naturgemäß auch auf das Verrechnungssystem, welches ihm angepaßt werden mußte. Da aber das Staatsverrechnungsgesetz aus dem Jahre 1924 schon mehreremal mit Novellen durchbrochen und auch in anderen Punkten reformbedürftig war, hat das Sanierungsgesetz unter anderen dem Ministerium erteilten weitgehenden Ermächtigungen dem Finanzminister die Macht erteilt, die ganze Staatsverrechnung im Einvernehmen mit dem Präsidenten des Staatsrechnungshofes im Verordnungswege neu zu regeln.

IV.

Die Kenntnis dieses geschichtlichen Werdeganges ist zum Verständnis des ungarischen Budgetrechts unentbehrlich. Die juristische Natur des ungarischen Etatsgesetzes und die Bedeutung des Budgetrechts ist sonst nicht richtig zu beurteilen.

Bezüglich der juristischen Natur des Etatsgesetzes harren vier Fragen der Aufklärung: 1. der ausführliche Staatsvoranschlag, 2. das Etatsgesetz selbst' oder die sog. Appropriation, 3. die Indemnität und 4. der Exlex-Zustand.

Der ausführliche Staatsvoranschlag ist die Zusammenstellung des Arbeitsprogramms der Regierung und der zu erwartenden staatlichen Ausgaben und Einnahmen in einer dem Parlament Übersicht und Kritik erleichternden Form. Da der Ausdruck der Absichten des Ministeriums sich auf eine Frage bezieht, deren Entscheidung außerhalb seiner Kompetenz liegt, kann das als eine Vorarbeit zu den Beratungen des Parlaments betrachtet werden, welcher selbstverständlich keine juristische Bedeutung zukommt.

Die juristische Bedeutung knüpft sich an das Etatsgesetz, welches den kompetenten Willen der Gesetzgebung enthält. In diesem sind die staatlichen Ausgaben und Einnahmen ihrer Bestimmung, bzw. Herkunft gemäß in genauen Beträgen aufgezählt. Zwischen den Ausgaben und den Einnahmen besteht jedoch der Unterschied, daß die ersteren von den Entschließungen der Behörden, die letzteren aber meistens vom Verhalten der Staatsbürger abhängig sind. Die Ausgaben können demnach vom Staat dirigiert, die Einnahmen aber nur befolgt werden. Darum können die Ausgaben in ihrem Betrag oder wenigstens ihrer höchsten Grenze nach genau angesetzt, während die Einnahmen nur auf Grund der Erfahrung und der Kalkulationen annähernd veranschlagt werden.

Das Etatsgesetz enthält ferner außer der Festsetzung der Ausgaben und Einnahmen auch die Ermächtigung des Ministeriums zu ihrer Vollziehung, und das bildet den Kern des Budgetrechts des Parlaments. Die Detaillierung und ziffernmäßige Festsetzung der Ausgaben und Einnahmen dienen auch nur dem Zwecke, Inhalt und Umfang der Ermächtigung genau bestimmen zu können.

Die letztere hat aber verschiedenen Sinn je nachdem, ob von rechtlich verbindlichen Ausgaben die Rede ist (wie z. B. Zinsen der Staatsschulden, Gehältern der Beamten etc.) oder von nach Gutdünken zu übernehmenden Ausgaben. Dieser Unterschied besteht auch unter den Einnahmen, welche zum Teil unmittelbar auf Grund des Gesetzesbefehls automatisch (wie die meisten indirekten Steuern), zum Teil aber nur auf Grund einer Willenserklärung der Verwaltungsbehörde einfließen (wie bei den direkten Steuern die Bemessung[1])). Die Ermächtigung bezieht sich bei allen Ausgaben und Einnahmen auf ihre Auszahlung bzw. Annahme, bei den nach Gutdünken zu übernehmenden Ausgaben und den durch eine Willenserklärung der Verwaltungsbehörde entstehenden Einnahmen aber auch auf ihre Begründung.

Die juristische Bedeutung der Ermächtigung bedeutet im materiellen Sinne, daß das Ministerium für seine Handlungen, zu welchen ihm die Ermächtigung im Etatsgesetz im voraus erteilt worden ist, nachträglich zu keiner juristischen (d. h. vermögens- oder strafrechtlichen) Verantwortung gezogen werden kann. Es haftet dafür nur politisch und rechnungsmäßig.

Für Handlungen, die außerhalb der Ermächtigung des Etatsgesetzes liegen, haftet das Ministerium nachträglich auch juristisch. Das gilt bei Weiterführung des Staatshaushaltes im Exlex-Zustand für alle Ausgaben und Einnahmen, oder bei Nachtrags- oder außer-

[1]) S. Fleiner, *Institutionen des deutschen Verwaltungsrechts*, 3. Aufl. 1913. S. 171 ff.

ordentlichen (im Voranschlag nicht vorgesehenen) Krediten betreffend diese Ausgaben. Diese letzteren Überschreitungen des Etatsgesetzes sollten verfassungsmäßig durch Bewilligung eines Nachtragsgesetzes stattfinden, in Fällen dringender Notwendigkeit, und das ist die Regel, kann ein Nachtragskredit in Gemäßheit des Staatsverrechnungsgesetzes nach vorheriger Zustimmung des Finanzministers unter gemeinsamer Verantwortung des Gesamtministeriums eröffnet werden. Das Ministerium kann das Absolutorium für seine wirtschaftlichen Handlungen im Exlex-Zustand in besonderem Gesetz, für die Nachtrags- und außerordentlichen Kredite im Rahmen der Staatsschlußrechnungen erhalten.

Für die Weiterführung des Staatshaushaltes im Exlex-Zustand muß das Ministerium das Absolutorium durch ein Gesetz erhalten, weil es durch die Einziehung und Verwendung der nicht bewilligten Einnahmen des Staates eine gesetzwidrige Handlung begangen, fundamentale Bestimmungen des Staatsrechts verletzt hat, und es steht daher unter allen Rechtsfolgen dieses Vorgehens, solange es von der Gesetzgebung selbst davon nicht befreit wird. Aus diesem Grunde sollte auch das Absolutorium für die Staatsschlußrechnungen immer in Form eines Gesetzes erteilt werden, und man muß es als unlogisch bezeichnen, daß sich diesbezüglich von Anfang an eine abweichende Praxis entwickelt hat.

Gemäß der ungarischen Verfassung gilt als Gesetz, was von der Gesetzgebung (König und Parlament gemeinsam, heute die Nationalversammlung allein) in Form eines Gesetzes gegeben worden ist. Unter den ungarischen Gesetzen gibt es keinen verfassungsmäßigen Unterschied. Es gibt kein Gesetz, dessen Zustandekommen oder Abänderung besonderen Vorschriften unterläge. Die Kategorie der Grundgesetze ist in Ungarn unbekannt. Im ungarischen Recht ist auch der Unterschied zwischen Gesetz im formellen und im materiellen Sinn unbekannt. Die Etats- und Indemnitätsgesetze sind also in juristischer Hinsicht den andern Gesetzen vollkommen gleichgestellt. Die Eigentümlichkeiten des Etatsgesetzes berühren seine juristische Natur nicht. Daß die Rechtskraft des Etatsgesetzes von der anderer Gesetze nicht abweicht, erhellt am besten, seitdem in die Etats- und Indemnitätsgesetze allerlei besondere Bestimmungen aufgenommen werden. Am Ende des Ermächtigungtermins treten nämlich nur die darauf bezüglichen Artikel des Gesetzes außer Kraft, während die übrigen Artikel wie andere Gesetze ihre Rechtskraft weiter behalten.

Die Regel ist also, daß von der Gesetzgebung ein Etatsgesetz vor Beginn des Etatsjahres geschaffen wird, wodurch sie ihren Willen bezüglich des Staatshaushalts für das beginnende Jahr der vollziehenden Gewalt vorschreibt. Wie aber unter I dargelegt worden ist, kann die Regel sich nur selten durchsetzen, in der überwiegenden Mehrzahl der Fälle kommt es zu Indemnitäten, ja sogar Exlex-Zuständen.

Die juristische Natur des Indemnitätsgesetzes hat in der Theorie keine von der des Etatsgesetzes abweichenden Züge. Sein Wesen ist ebenfalls die Erteilung einer Ermächtigung an das Ministerium zur Anweisung der Staatsausgaben und zur Einhebung, bzw. Eintreibung der Staatseinahmen. Ein Unterschied besteht gewöhnlich nur darin, daß die Dauer der Ermächtigung von der des Etatsgesetzes abweicht, und daß die Festsetzung der Summen nicht direkt, sondern unter Hinweis auf ein früheres Gesetz geschieht. Ein Unterschied aber ist von grundsätzlicher Bedeutung, daß nämlich in den letzten Jahren die Indemnitäten auf Grund der vom Ministerium vorgelegten neuen Voranschläge und ohne Beratung über die einzelnen Posten in Bausch und Bogen votiert werden, wodurch das Recht, den Etat festzusetzen, eigentlich in die Hand des Ministeriums übergeht.

Ein Indemnitätsgesetz ist immer unvorteilhaft. Wenn, wie bisher, die Ermächtigung sich auf ein früheres Etatsgesetz bezieht, so wird das Recht der Gesetzgebung gewahrt, aber es leidet die Verwaltung, weil der Rahmen des Vorjahres den geänderten Anforderungen nicht mehr genügt. Wenn andererseits die Ermächtigung auf Grund eines neuen, aber nicht durchberatenen Voranschlages ergeht, so werden die Interessen der Verwaltung und der Regierung gewahrt, die Rechte der Gesetzgebung jedoch stark beeinträchtigt, da ihre Mitwirkung zu einer Formalität herabsinkt.

Diese Nachteile machen sich im Falle eines Exlex-Zustandes in erhöhtem Maße geltend. Dieser ist kein juristischer Begriff. Er bedeutet eben den Mangel an gesetzlicher Ermächtigung. Dieser Mangel kann auf zweifache Weise entstehen. Einmal dadurch, daß die Gesetzgebung die Annahme des Staatshaushaltsvoranschlages verweigert, was aus mannigfachen Gründen geschehen kann, zweitens dadurch, daß, obwohl die Gesetzgebung, oder wenigstens die Mehrheit des Parlaments, Verweigerung nicht beabsichtigt, die neue Ermächtigung dennoch infolge irgendwelcher Umstände nicht rechtzeitig zustande kommt. Die beiden Fälle sind wesentlich verschieden.

Der erste kommt in der Geschichte des ungarischen Parlamentarismus nur einmal vor. Dem außerparlamentarischen Ministerium des Generals Baron Fejérváry ist durch Beschluß des Abgeordnetenhauses vom 21. Juni 1905 nicht durch Abweisung eines Ermächtigungsvoranschlages, sondern durch Annahme eines besonderen Antrages verboten worden, die Ausgaben des Staates zu leisten und seine Einnahmen einzuheben; aber ohne Erfolg, und es ist trotzdem nicht zu Repressalien gekommen. Das folgende Ministerium konnte nicht umhin, vor seiner Ernennung die Bedingung des Königs anzunehmen, daß die Mitglieder des Ministeriums Fejérváry wegen ihrer Amtshandlungen nicht in Anklage versetzt würden. Das Parlament mußte sich also damit begnügen, falls es keine neue schwere Krise heraufbeschwören wollte, das Vorgehen des Ministeriums Fejérváry zu brandmarken als einen fundamentale Bestimmungen der Verfassung verletzenden Unfug. So ist kein juristischer Präzedenzfall zur Behandlung dieser Frage entstanden.

Der zweite Fall des Exlex-Zustandes ist aber, wie unter I ebenfalls ausgeführt worden ist, bisher zwölfmal vorgekommen. Als am 1. Januar 1899 infolge der Obstruktion der Minderheit des Abgeordnetenhauses zum ersten Male der Exlex-Zustand eintrat, hatte das Ministerium alle Folgen der entstandenen Lage zu prüfen, um einen entsprechenden Beschluß fassen zu können. Es standen sich zwei Alternativen gegenüber. Auf der einen Seite die Gefahr einer verhängnisvollen Desorganisation im Falle der völligen Einstellung der staatlichen Einnahmen und Ausgaben, auf der anderen Seite die Möglichkeit, unter Vermeidung gesetzlich verbotener Schritte in der Weiterführung des Staatshaushaltes — z. B. Eintreibung nicht bewilligter Steuern — die nicht verbotenen Einnahmen einzuheben und dieselben zur Deckung der rechtlich gebotenen, sowie der zur Weiterführung der Verwaltung unentbehrlichen Ausgaben zu verwenden. Und zwar sollte das geschehen ohne gesetzliche Ermächtigung, aber in der Hoffnung, daß die Mehrheit des Parlaments sich der Notwendigkeit dieses Vorgehens nicht verschließen können und so das Ministerium das volle Absolutorium nachträglich erhalten wird.

Das war die Lage bei Eintreten des ersten Exlex-Zustandes. Das Ministerium wählte den zweiten Weg und legte zugleich die Gründe seines Entschlusses und seines Verhaltens in einem dem Parlament unterbreiteten Berichte dar. In einem anderen Berichte hat der Präsident des Staatsrechnungshofes ausgeführt, daß die Ermächtigung des Ministeriums zwar nicht erneuert, von der Gesetzgebung aber auch nicht verweigert worden ist. Es hat also auf eigene Verantwortung die Geschäfte weiterzuführen. Der Staatsrechnungshof wird daher, da er dem Parlament gegenüber nicht nur für gesetzwidriges Vorgehen, sondern für jede Versäumnis verantwortlich ist, die Kontrolle mit erhöhter Sorgfalt fortsetzen. Als Vertrauensorgan der Gesetzgebung kann er die Kontrolle der Finanzgebarung des Landes für keine Minute aussetzen, am wenigsten zu einer Zeit, da das Ministerium ohne gesetzliche Ermächtigung auf eigene Verantwortung vorgeht. — Das Ministerium hat das Absolutorium in der Tat nachträglich, im G.-A. I vom Jahre 1899, erhalten.

Bei den späteren Exlex-Zuständen haben die Regierungen die Unterbreitung eines ähnlichen Berichtes unterlassen, ihr Vorgehen und das Absolutorium ist im wesentlichen dasselbe geblieben, so daß man vom Entstehen eines Gewohnheitsrechtes in bezug auf den Exlex-Zustand sprechen kann.

Das Ministerium Fejérváry und die revolutionären Regierungen der Jahre 1918/19 erhielten auch nachträglich kein Absolutorium für ihre Gebarungen, und darin ist in beiden Fällen eine Verurteilung ihres Vorgehens durch das Parlament zu erblicken.

Bei den Exlex-Zuständen der letzten Jahre hat sich aus einem anderen Grunde dieselbe Erscheinung gezeigt. In den Nachkriegsjahren herrschen ohne Unterbrechung die Indemnitäten, welche schon seit Jahren immer auf 6 Monate und immer mit mehr oder weniger Verspätung zustandekommen. Für die Vermeidung dieser Exlex-Zustände wäre „eine Indemnität der Indemnität" nötig. Da diese Exlex-Zustände keine Folge politischer Spannungen, sondern meistens nur der Weitschweifigkeit der Debatte und der Schlaffheit der Hausordnung sind, hat man ihnen keine besondere Beachtung geschenkt und hat versäumt, in die sie ablösenden Indemnitätsgesetze das Absolutorium für das Ministerium aufzunehmen. Dieser Mangel ist aber kein Zeichen der Verurteilung seitens der Gesetzgebung, sondern nur eine legislatorische Nachlässigkeit.

Es bleibt noch die Fortführung des Staatshaushaltes im Exlex-Zustande zu erörtern. Laut dem G.-A. X vom Jahre 1867 „gilt die Festsetzung des Etatsvoranschlages durch die Gesetzgebung immer nur für ein Jahr, und ohne neue Festsetzung und Bewilligung dürfen die Steuern nicht bemessen und eingetrieben werden". § 20 des G.-A. XXI vom Jahre 1886 betreffend die Munizipien enthält die aus früheren Gesetzen übernommene Bestimmung, daß dieselben die Regierungsverordnungen über die Eintreibung der von der Gesetzgebung nicht bewilligten Steuern nicht zu befolgen haben. Das ist alles, was in der Gesetzsammlung über einen Exlex-Zustand zu finden ist, auch das bezieht sich auf die Einnahmen und enthält kein Wort über die Ausgaben.

Das Ministerium hat diese gesetzlichen Bestimmungen so ausgelegt, daß es auch während des Exlex-Zustandes alle Ausgaben angewiesen hat, welche zur Begleichung von dem Staat gegenüber bestehenden privat- oder öffentlich-rechtlichen Forderungen dienen, und es unterliegt dem freien Ermessen der Minister zu entscheiden, welche andere Ausgaben als im Staatsinteresse unaufschiebbar betrachtet und angewiesen werden sollen.

Bezüglich der Staatseinnahmen entbehrt das Ministerium jeder gesetzlichen Grundlage zur Bemessung und Eintreibung der Steuern sowie zur Verwaltung der Gefälle. Deshalb hat der Finanzminister anläßlich des ersten Exlex-Zustandes angeordnet, daß die Zwangseintreibung der öffentlichen Abgaben und der nach Art der öffentlichen

Abgaben einzutreibenden staatlichen Forderungen eingestellt, die Veranlagungsvorarbeiten und die Maßnahmen zur Sicherung der Staatseinnahmen aber fortgesetzt, sowie alle zur Begleichung direkter oder indirekter Steuern angebotenen Zahlungen angenommen werden sollen.

Die juristische Grundlage für die Einhebung der Steuern ist im Steuerverwaltungsgesetz gegeben, welches bestimmt, daß, solange das Ergebnis der diesjährigen Steuerbemessung in das Steuerbuch des Steuerpflichtigen nicht eingetragen worden ist, die Quartalsteilzahlungen auf Grund der vorjährigen Bemessung zu entrichten sind. Mit Rücksicht auf diese Bestimmung hat auch der oberste Verwaltungsgerichtshof die im Exlex-Zustand erfolgten Steuerzahlungen als eine quasi naturalis obligatio für annehmbar erklärt. Ganz folgerichtig enthalten die den Exlex-Zustand aufhebenden Gesetze die Bestimmung, welche die Wirksamkeit der Ermächtigung rückwirkend bis zum Beginn des Exlex-Zustandes festlegt, um auf diese Weise dem Ministerium die Möglichkeit zu geben, die öffentlichen Abgaben mit rückwirkender Kraft zu fordern.

Zweifellos sind die im Exlex-Zustand geleisteten Steuerzahlungen keine Tilgung einer schon fällig gewordenen Schuld, und daher gebührt nach solchen freiwillig gezahlten Steuern keine Zinsrückerstattung. Es ist hingegen selbstverständlich, daß auf eine im Exlex-Zustand versäumte Zahlung einer öffentlichen Schuld für die Dauer des Exlex-Zustandes keine Verzugszinsen ausgeworfen werden dürfen. Die Judikatur des Obersten Verwaltungsgerichtshofes entspricht auch dieser Auffassung.

Der Staatshaushalt verfügt also auch im Exlex-Zustand über die sogen. autonomen Einnahmen, sowie über einen beträchtlichen Teil der übrigen, da die angeführten Stellen nur die Veranlagung und Eintreibung, nicht aber auch die Einhebung der nicht bewilligten Steuern verbieten. Die Gesetzgebung hat eine abweichende Auffassung in den die Exlex-Zustände ablösenden Indemnitätsgesetzen nie zum Ausdruck gebracht.

In dieser Rechtslage läßt sich die Bedeutung des Budgetrechts des Parlaments kurz folgendermaßen beleuchten: Im ungarischen Staatshaushalts-Voranschlage für das Etatsjahr 1922/23 entfallen von den Staatseinnahmen im Gesamtbetrage von 148 Milliarden Kronen nur 19,7 Milliarden Kronen, d. h. 12,1 % auf die direkten Steuern, deren Eintreibung der Exlex-Zustand verhindert, und auch über den freiwillig eingezahlten Teil dieser Einkünfte verfügt das Ministerium. Außerdem pflegt das Ministerium die rechtlich gebotenen, sowie die im Staatsinteresse unaufschiebbaren Ausgaben des Staates, wie das im Bericht aus dem Jahre 1899 dem Parlament ausdrücklich angezeigt wurde, anzuweisen. So darf man sagen, daß der Mangel eines

Etatsgesetzes in der Weiterführung des Staatshaushaltes keine nennenswerten Änderungen hervorruft. Ein Unterschied zeigt sich nur darin, daß in diesem Falle das Ministerium in die Lage kommt, das Parlament vor vollendete Tatsachen zu stellen. Da ferner das Ministerium nicht umhin kann, stets die Verantwortung für die Weiterführung des Staatshaushaltes trotz mangelnder Ermächtigung zu übernehmen, im Sinne der Maxime: Salus rei publicae suprema lex, und da das Ministerium das Absolutorium auf Grund der Präzedenzfälle und seines moralischen Anspruches mit Sicherheit erwarten kann, wird es klar, daß das Parlament, wenn es die rechtzeitige Fertigstellung des Etatsgesetzes versäumt (d. h. es zu einem Indemnitätsgesetz oder sogar zum Exlex-Zustand kommen läßt), dadurch sein Budgetrecht verwirkt. Es ist ein Recht, das nur rechtzeitig oder gar nicht ausgeübt werden kann. Das ist auch ein guter Beweis für die Richtigkeit des Deákschen Ausspruches, daß die rechtzeitige Fertigstellung des Etatsgesetzes nicht nur ein Recht, sondern auch eine Pflicht des Parlaments darstellt.

Wenn das Parlament sein Recht, die Ausgaben und Einnahmen des Staates im voraus festzusetzen, preisgibt, bleibt ihm nichts anderes übrig, als dieselben nachträglich zu kontrollieren. Dadurch gewinnt die ohnehin wichtige Frage der Kontrolle des Staatshaushalts noch wesentlich an Bedeutung.

Das Ministerium trägt für die Führung des Staatshaushaltes dem Parlament gegenüber die Verantwortung nach verschiedenen Richtungen, und zwar: 1. Eine Verantwortung für die Richtigkeit der Rechnungen. Die verrechneten Ausgaben und Einnahmen müssen in jedem Punkte der Wahrheit entsprechen, und die Rechnungen müssen ziffernmäßig und materiell den Rechnungstatsachen entsprechen. 2. Eine juristische Verantwortung, welche oben schon besprochen wurde. Sie besteht darin, daß die Regierung den Nachweis zu erbringen hat, in der Führung des Staatshaushaltes das Etats- und andere Gesetze sowie die sonstigen finanziellen Rechtsnormen eingehalten zu haben, und falls die Regierung dieselben hinsichtlich der Höhe, der Verwendung der Kredite oder des Termins überschritten hat, kann sie von der Verantwortung auch nachträglich nur durch die Gesetzgebung enthoben werden. 3. Eine politische Verantwortung, derzufolge das Ministerium in seiner ganzen Tätigkeit und so auch in der Führung des Staatshaushaltes mit der politischen Auffassung der parlamentarischen Mehrheit zu rechnen hat und nicht in Gegensatz zu ihr geraten kann. Die Verantwortlichkeit des Ministeriums kann daher die Folge haben, daß die Verrechnung zwar weder ziffernmäßig noch juristisch zu beanstanden ist, unter diesen Gesichtspunkten vom Parlament auch angenommen wird, trotzdem aber das [politische] Vertrauen zum Ministerium erschüttert wird. Diese Verantwortung verblaßt aber häufig, weil die Schlußrechnungen gewöhnlich mit einer beträchtlichen Verspätung unterbreitet werden, wenn das dafür verantwortliche Ministerium schon durch ein anderes abgelöst ist, ferner auch darum, weil die Vertrauensfrage im Zusammenhang mit so vielen anderen Fragen aufgeworfen werden kann, daß die Verantwortung für den Staatshaushalt keine besondere Rolle spielt.

Die Kontrolle, welche die Verantwortlichkeit des Ministeriums aus diesen Gesichtspunkten nach sich zieht, findet zum Teil dauernd, im Laufe des ganzen Etatsjahres, zum Teil nur am Ende desselben statt. Die dauernde Kontrolle richtet sich gegen die anweisenden Behörden sowie gegen die Vollzieher der Anweisungen: die Verwalter der Kassen und des Vermögens. Die andere Kontrolle am Ende des Jahres richtet sich auf Grund der Schlußrechnungen nur gegen das Ministerium, das als die Spitze der Verwaltung auch für die Tätigkeit derselben die Verantwortung trägt.

In Ungarn wird die Kontrolle gegenüber den anweisenden Behörden durch die ihnen zugeteilten Rechnungsdepartements sowohl präventiv wie nachträglich, ferner nur nachträglich durch den obersten Staatsgerichtshof ausgeübt.

Die Anweisungen der Behörden dürfen von der Postsparkasse nur ausgeführt werden, wenn sie vom Rechnungsdepartement in den Büchern vorgeschrieben wurden und der Scheck von derselben ausgestellt worden ist. Die Vorschreibung darf aber nur erfolgen, nachdem festgestellt worden ist, daß die Anweisung keine Überschreitung des Etatsgesetzes oder des vom Ministerrat bewilligten Nachtragskredits und keine andersgeartete Verletzung irgendeiner bestehenden Rechtsnorm enthält. Die mit der Vorschreibung betrauten Beamten, die eine gebührend unabhängige Rechtsstellung haben, sind persönlich verantwortlich für alle Schädigungen, welche dem Staate durch unerlaubte Überschreitung der Kredite und deren unrichtige Verwendung zugefügt werden, wenn diese Schädigungen durch fehlerhafte Führung der Bücher, versäumte Anmeldung des Mangels an Kredit, unterlassene Verweigerung der Gegenzeichnung oder Vernachlässigung der Gesetze, Verordnungen oder Vorschriften entstanden sind.

Der Oberste Staatsrechnungshof erhält durch verschiedene von den Rechnungsdepartements ihm zugestellte Bücherauszüge Kenntnis von den Anweisungen, er hat aber auch das Recht, in die Geschäftsakten Einsicht zu nehmen oder Amtsvisitationen bei den Rechnungsdepartements und den Staatskassen vorzunehmen.

Die Buchhaltung ist aber nicht nur Gegenstand, sondern auch Mittel der Kontrolle. Die Kontrolle liegt ganz bei der Buchhaltung, welche somit auch unter dem Gesichtspunkt des Budgetrechts des

Parlaments große Bedeutung hat. Sie kann vom wirtschaftstechnischen Gesichtspunkte gut aufgebaut sein und so den Interessen der Verwaltung vollkommen genügen, es muß aber besonders darauf geachtet werden, daß auch die Interessen des Parlaments gewahrt bleiben. Darum pflegten die Gesetzgebungen, soweit sie ihr Budgetrecht ernst nahmen, die Regelung der Staatsverrechnung sich selbst vorzubehalten. Das hat ohnedies seine Grenzen in der technischen Natur der Buchhaltung, so mußten z. B. infolge der Arbeitsanhäufung im Kriege — wie erwähnt — die Schlußrechnungen mehrere Jahre vernachlässigt werden, obgleich das eine wesentliche Schmälerung des Budgetrechts des Parlaments bedeutet. Die Ausübung des Budgetrechts wird aber durch die meist verspätete Schaffung der Etatsgesetze nicht absichtlich, aber tatsächlich vom Parlament selbst geopfert, und auch das Recht der Regelung der Staatsverrechnung im Verordnungswege wird durch den G.-A. IV vom Jahre 1924 der Regierung, namentlich dem Finanzminister, übertragen; so hat das Parlament auch dieses Recht aus der Hand gegeben, und nur die Zustimmung des vom Ministerium unabhängigen Präsidenten des Obersten Staatsrechnungshofs zu diesen Verordnungen und die gewissenhafte Tätigkeit der Verwaltung ist als Gewähr für das Budgetrecht des Parlaments erhalten geblieben. Mit andern Worten: die Garantien des Budgetrechts und der Ordnung des Staatshaushalts liegen nicht mehr im Parlament und nicht im berühmten Widerstandsrecht der Munizipien, sondern in der Rechtmäßigkeit der Verwaltung auch auf diesem Gebiete.

V.

Das ungarische Budgetrecht hat also im Laufe der Zeit viel Wandlungen durchgemacht, ja, es befindet sich in beständiger Entwicklung. Der Weg der Entwicklung scheint folgender zu sein:

Der Staat kann in seiner Existenz die materiellen Güter nicht entbehren. Namentlich ist es die Verwaltung, die ihrer bedarf, ohne die Verwaltung könnte der Staat keinen Augenblick existieren. Sie ist auch geschichtlich die Grundfunktion des Staates. Die Verwaltung kann den Etat und die Buchhaltung nicht entbehren und hat sich ihr System ausgearbeitet und verwendet, als die Gesetzgebung sich ihrer noch nicht angenommen hatte. Auch die Kontrolle spielt in jeder Wirtschaft, welche bestellten Verwaltern anvertraut ist, unter dem Gesichtspunkte der Verwaltung selbst eine wichtige Rolle.

Beim Staat umfaßt die Zusammenstellung des Budgets Tätigkeiten, welche auch in den Bereich der Regierung fallen. Die Regierung ist mit der Verwaltung untrennbar verknüpft, beruht auf der Verwaltung und wird von der Verwaltung immer mehr abhängig, wie es auch die Entwicklung des ungarischen Budgetrechts beweist.

Die Auftreibung der Mittel zum Staatshaushalt war aber immer das Problem, bei dem die Verwaltung mit den Interessen der Steuerzahler zusammenstößt. Das hat dazu geführt, daß — wo die Verfassung es ermöglicht — die an der Gesetzgebung teilhabenden Bevölkerungsschichten ihr Steuerbewilligungsrecht erkämpft haben, auch in Zeiten, in denen sie auf die Verwaltung keinen Einfluß hatten.

Das parlamentarische System der Gesetzgebung schien den Vorteil zu haben, diese entgegengesetzten Interessen der Verwaltung und der Steuerzahler in schönster Harmonie miteinander zu verknüpfen. In dieser Erwartung konnte man das Recht der Budgetfestsetzung der Gesetzgebung übertragen. Daß die erstrebte Harmonie nicht nur in der Theorie, sondern auch in der Praxis möglich war, beweist die klassische Auffassung Franz Deáks, der sie damals auch durchzusetzen vermochte. Leider hat sich das ungarische Parlament nicht auf dieser Höhe seiner Mission erhalten. Es hat seine Souveränität fälschlich so aufgefaßt, daß es nur Rechte und keine Pflichten habe. Dadurch ist der Gegensatz zwischen der Verwaltung und der Volksvertretung wieder aufgetaucht, aber die Machtverhältnisse haben sich inzwischen zuungunsten der Volksvertretung verschoben. Für die Beurteilung der gesetzgeberischen Fähigkeit des Parlaments ist seine Handhabung des Budgetrechts aus dem Grunde geeignet, weil das Parlament die meiste Gelegenheit hat, sich mit dieser Frage zu befassen und seine Auffassung mit größter Klarheit zum Ausdruck zu bringen. Es ist also nicht unberechtigt zu sagen, daß an der wachsenden Enttäuschung über den Parlamentarismus die diesbezüglichen Erfahrungen einen wesentlichen Anteil haben. Und man beruft sich zu Unrecht auf die Schwierigkeiten der Nachkriegsjahre, weil diese Entwicklung schon Jahrzehnte vor dem Kriegsausbruch eingesetzt hat, und weil man die große Rolle der Präzedenzfälle in der Rechtsbildung nicht übersehen darf. Die Erfahrungen der andern kontinentalen Staaten mit dem Parlamentarismus sind, soweit uns bekannt, auch nicht besser.

Aus diesen Gründen hat das Parlament an Macht und Ansehen viel eingebüßt, die Verwaltung hingegen infolge der großen Vermehrung der Staatsaufgaben und ihrer dadurch verursachten Vervollkommnung und Rationalisierung sehr gewonnen. Das Budgetrecht des Parlamentarismus ist eine juristische Konstruktion, aufgebaut auf der Voraussetzung, daß das Parlament auf der Höhe seiner Mission stehen wird. Da das aber für die Dauer nicht zu erreichen war, ist es selbstverständlich, daß nicht der künstliche, sondern der natürliche Faktor die

Oberhand gewonnen hat. Das Budgetrecht des Parlaments ist eben ein Recht, das man brauchen, aber nicht mißbrauchen kann.

Mit Rücksicht auf diese Entwicklung ist es richtiger, nicht vom Budgetrecht des Parlaments, sondern von dem des Staates zu reden. Dieses Recht ist inhaltlich eine Funktion der Verwaltung, das Recht der Festsetzung des Staatshaushalts-Voranschlages aber gehört zur Zeit nach dem geschriebenen Recht dem Parlament. Weiterzugehen und zu behaupten, daß das Budgetrecht auch inhaltlich eine Funktion der Gesetzgebung wäre, hieße das geltende Recht mit dem geschriebenen Rechte identifizieren.

UNGARISCHE JAHRBÜCHER

Inhalt des I. Bandes:

I. Aufsätze und Berichte: BAJZA, J. v.: Die kroatische Publizistik während des Weltkrieges / BONKÁLÓ, A.: Die ungarländischen Ruthenen / BUDAY, L. v.: Die Bevölkerungsbewegung in Ungarn und der Krieg / BUDAY, L. v.: Landwirtschaftliche Produktion in Ungarn / FUCHS, A. v.: Skizze des ungarischen Bankwesens / GOMBOCZ, Z.: Die bulgarische Frage und die ungarische Hunnensage / GRAGGER, R.: Unser Arbeitsplan / HORVÁTH, J. v.: Das Genossenschaftswesen in Ungarn / KVASSAY, E. v.: Die Donau vom Standpunkt der Schiffahrt / MALYUSZ, E. v.: Die Entstehung des Komitates Turóc / MOÓR, E.: Die Deutschen Spielleute in Ungarn / RÉZ, M. v.: Gedanken über Stephan Tisza / SEBESS, D. v.: Die Agrarreform in Ungarn / TAGÁNYI, K.: Alte Grenzschutzvorrichtungen und Grenzödland: *gyepü* und *gyepüelve* / TAKÁTS, A.: Ungarische und türkische Berufsschreiber im 16. und 17. Jahrhundert / THIM, J. R.: Die Gründungsversuche Jugoslawiens 1848/49 / VICZIÁN, E. v.: Die Wasserkraft der Donau / ZOLNAI, B.: Ungarische Literatur 1906—1921. II. Kleine Mitteilungen, Anzeigen, Bibliographie.

Inhalt des II. Bandes:

I. Aufsätze und Berichte: BUDAY, L. v.: Agrarpolitische Zukunftsaufgaben / DOMANOVSZKY, A.: Die Vergangenheit der ungarischen Donau-Handelsschiffahrt / FEHÉR, G.: Ungarns Gebietsgrenzen in der Mitte des 10. Jahrhunderts / GRAGGER, R.: Ungarische Institute für Geschichtsforschung / HÓMAN, B.: Der Ursprung der Siebenbürger Székler / KÁROLYI, A.: Stephan Széchenyis beschlagnahmte Schriften / KOVÁCS, A.: Die Wiedergeburt der ungarischen Volkskraft / LOSONCZY, Z.: Die ungarische Sprachwissenschaft 1920—1921 / NYULÁSZI, J.: Staatsverträge zur Regelung von Steuer- und Gebührenfragen / THIENEMANN, TH.: Die deutschen Lehnwörter der ungarischen Sprache. II. Kleine Mitteilungen, Anzeigen, Bibliographie.

Inhalt des III. Bandes:

I. Aufsätze und Berichte: ALFÖLDI, A.: Der Untergang der Römerherrschaft in Pannonien / ANGYAL, D.: Das österreichische Staats- und Reichsproblem / BALOGH, E. v.: Die gesammelten Werke des Grafen Tisza / EGYED, St.: Die heutigen staatsrechtlichen Einrichtungen Ungarns / ECKHARD, Fr.: Die Handels- und Zahlungsbilanz Ungarns unter der Regierung Maria Theresias / FELLNER, Fr. v.: Die internationale Zahlungsbilanz Rumpfungarns und das Problem der Wiedergutmachungen / GRAGGER, R.: Eine altungarische Marienklage / HOLIK, Fl.: Die erste gelehrte Gesellschaft in Ungarn / HÓMAN, B.: Geschichtliches im Nibelungenlied / KLEBELSBERG, K. Gr.: Die Universität der öffentlichen Sammlungen / PAIS, D.: Die altungarischen Personennamen / SOLYMOSSY, A.: Verwandtschaft der ungarischen Volksmärchen mit den orientalischen / SZEKFÜ, J.: Geschichte des ungarischen Weinbaus / WEBER, A.: Maria Theresia auf dem Preßburger Reichstag. II. Kleine Mitteilungen, Anzeigen, Bibliographie.

Inhalt des IV. Bandes.

I. Aufsätze und Berichte: ALFÖLDI, A.. Der Untergang der Römerherrschaft in Pannonien III / ANDERSSEN, W.: Die Entwickelung der ungarischen Räteverfassung / ARRAS, P.: Regestenbeiträge zur Geschichte des Matthias I. Corvinus / BANG, W.: Türkisches Lehngut im Mandschurischen / BRÜCKNER, A.: Ungarn und Polen / GRAGGER, R.: Zur Geschichte der ugrofinnischen Sprachwissenschaft. I. Wilhelm von Humboldt / KERTÉSZ, M.: Kulturgeschichtliche Spuren in der ungarischen Sprache / LEWY, E.: Kurze Betrachtung der ungarischen Sprache / MAGYARY, Z. v.: Das ungarische Budgetrecht / MARKWART, J.: Ein arabiseher Bericht über die arktischen (uralischen) Länder aus dem 10. Jahrhundert / PRINZ, GY.: Die Siedlungsformen Ungarns / SCHULZE, W.: Das Rätsel vom trächtigen Tiere / SCHÜNEMANN, G.: Ungarische Motive in der deutschen Musik / SCHÜNEMANN, K.: Ungarische Hilfsvölker in der Literatur des deutschen Mittelalters / SENGER, A.: Der Reiter im Kaiserdom zu Bamberg / WINKLER, H.: Die altaischen prachen / ZEMPLÉNI, E.: Die Sowjetführer Ungarns. II. Kleine Mitteilungen und Anzeigen. III. Bibliographie. IV. Besprochene Werke.

Druck: Hermann Böhlaus Nachfolger Hof-Buchdruckerei G. m. b. H. Weimar.

UNGARISCHE JAHRBÜCHER

ZEITSCHRIFT FÜR DIE KULTURELLEN, SOZIALEN UND WIRTSCHAFTLICHEN FRAGEN UNGARNS UND SEINER NACHBARLÄNDER

HERAUSGEGEBEN VON

PROF. DR. R. GRAGGER

DIREKTOR DES UNGARISCHEN INSTITUTS
AN DER UNIVERSITÄT BERLIN

DIE AUSGABE DER *JAHRBÜCHER* ERFOLGT IN VIERTELJAHRES-HEFTEN IM UMFANG VON CA. 5 BOGEN

Band I,	Heft 1—4:	Goldmark 6,	in Halbleinen	gebunden	Goldmark 8·50
Band II,	„ „	„ 4·50,	„	„	„ 6·50
Band III,	„ „	„ 6,	in Ganzleinen	„	„ 8·50
Band IV	komplett	Goldmark 8,	in Ganzleinen	gebunden	Goldmark 10.

Preis der Einzelhefte
je nach Umfang (Bd. IV, Heft 1 = Goldmark 2·50).

Das Ungarische Institut an der Universität Berlin, das 1920 mit der „Ungarischen Bibliothek" eine Reihe von Einzeluntersuchungen zu veröffentlichen begann, gibt jetzt den vierten Band der

UNGARISCHEN JAHRBÜCHER

heraus. — Ungarn sowohl als Problem an sich als auch in seinen Berührungspunkten mit den allgemeinen Kulturfragen, besonders den südöstlichen, wird in dieser Zeitschrift auf wissenschaftlicher Grundlage dargestellt. Außer den im engeren Sinne wissenschaftlichen Gegenständen werden auch die künstlerischen, politischen und sozialen Fragen der Gegenwart erörtert. Auch das wirtschaftliche Gebiet, das jetzt im Mittelpunkt des Interesses steht, wird von Fachleuten aus der Wissenschaft und der Praxis eingehend behandelt. Jedes Heft enthält eine ausführliche Bibliographie aller in Ungarn oder über Ungarn erscheinenden neuen Bücher und Zeitschriften mit deutscher Inhaltsangabe.

FSC
www.fsc.org
MIX
Papier | Fördert gute Waldnutzung
FSC® C083411

Kolibri 360 GmbH
Ferdinand-Jühlke-Straße 7
99095 Erfurt, Deutschland
produktsicherheit@kolibri360.de